Sven-Friedrich Pape

Hermann Bote: Das Schichtbuch - Aufstände im mitt

Sven-Friedrich Pape

# Hermann Bote: Das Schichtbuch - Aufstände im mittelalterlichen Braunschweig

GRIN Verlag

Bibliografische Information der Deutschen Nationalbibliothek: Die Deutsche Bibliothek verzeichnet diese Publikation in der Deutschen Nationalbibliografie; detaillierte bibliografische Daten sind im Internet über http://dnb.d-nb.de/ abrufbar.

1. Auflage 2010
Copyright © 2010 GRIN Verlag GmbH
http://www.grin.com
Druck und Bindung: Books on Demand GmbH, Norderstedt Germany
ISBN 978-3-656-14417-5

# Hermann Bote: Das Schichtbuch

## Aufstände im mittelalterlichen Braunschweig

# Inhaltsverzeichnis

# I. Einleitung

Befasst man sich mit der niederdeutschen Chronistik des Spätmittelalters, so stößt man fast zwangsläufig auf den Braunschweiger Zollschreiber Hermann Bote[1]. Vor über 500 Jahren verfasste er das Schichtbuch, eine Beschreibung von Aufständen im mittelalterlichen Braunschweig. Seitdem Ludwig Hänselmann dieses 1880 erstmals einer breiten Leserschaft zugänglich machte[2], widmete sich die historische Forschung immer stärker den Werken des Chronisten. Hermann Bote wurde von einigen im Laufe der Jahre gar zum *„produktivsten und bedeutendsten norddeutschen Dichter und Schriftsteller der mittelniederdeutschen Epoche"*[3] stilisiert.

Das Schichtbuch selbst unterscheidet sich von gewöhnlichen Städtechroniken dahingehend, dass es nicht einfach die Geschichte der Stadt Braunschweig nacherzählt, sondern bürgerliche Aufstände in der mittelalterlichen Stadt beschreibt. Diese sollten den herrschenden Bürgern als mahnendes Beispiel dienen, im Sinne der gesamten Bürgerschaft zu herrschen.

Hartmut Boockmann nahm das Schichtbuch in einem Aufsatz[4] zum Anlass, anhand der Schicht der ungehorsamen Bürger zu skizzieren, wie das politische Gefüge einer Stadt durch das Handeln von Einzelnen oder Gruppen ins Wanken geraten kann. Ziel dieser Hausarbeit soll es sein, dieses Grundmuster auf die verbleibenden Aufstände, die im Schichtbuch geschildert werden, zu übertragen.

Dazu wird der Verfasser dieser Hausarbeit sich zunächst mit der Situation der Stadt Braunschweig zu Botes Zeiten befassen, bevor er auf Hermann Bote und dessen Schichtbuch eingeht. In einem zweiten Schritt wird er die zentralen Thesen aus Boockmanns oben erwähntem Aufsatz destillieren und diese in einem dritten Schritt mit den verblie-

---

[1] In der Literatur wird er auch Herman oder Hermen Bote genannt. In dieser Hausarbeit wird – außer in Zitaten – der Name Hermann verwendet. Vgl. auch: Blume, Herbert: Hermann Bote. Braunschweiger Stadtschreiber und Literat. Studien zu seinem Leben und Werk, Bielefeld 2009, S. 43-52.

[2] Bote, Hermann: Das Schichtbuch, in: Hänselmann, Ludwig: Die Chroniken der niedersächsischen Städte. Braunschweig. Zweiter Band, photomechanischer Nachdruck der ersten Auflage, Stuttgart 1962 (Die Chroniken der deutschen Städte vom 14. Bis ins 16. Jahrhundert, Band 16), S. 299-566.

[3] Lindow, Wolfgang: Hermann Bote – Leben und Werk. Eine Einführung, in: Blume, Herbert & Wunderlich, Werner (Hrsg.): Hermen Bote. Bilanz und Perspektiven der Forschung. Beiträge zum Hermen-Bote-Kolloquium vom 3. Oktober 1981 in Braunschweig. Mit einer Bibliographie, Göppingen 1982 (Göppinger Arbeiten zur Germanistik, Nr. 357), S. 3.

[4] Boockmann, Hartmut: Eine Krise im Zusammenleben einer Bürgerschaft und ein „politologisches" Modell aus dem 15. Jahrhundert. Der Braunschweiger Chronist Hermen Bote über den Aufstandsversuch von 1145/1446, in: Geschichte in Wissenschaft und Unterricht 40 (1989) 12, S. 732-749.

benen Schichten[5] vergleichen. Zum Abschluss wird er die Ergebnisse zusammenfassen und die oben gestellte Frage, wie Krisen innerhalb von Bürgerschaften entstehen, beantworten.

Die Quellenlage für diese Hausarbeit ist insgesamt als gut zu beurteilen. Das Schichtbuch wurde erstmalig 1880 von Ludwig Hänselmann ediert, wobei dieser den sprachlichen Stil vereinfachte und vereinheitlichte. Dadurch entstand eine Version des Schichtbuchs, die sich zwar inhaltlich kaum vom Original unterscheidet, allerdings einige stilistische Veränderungen zugunsten einer von ihm selbst aufgestellten Syntax aufweist.[6] Daher greift der Verfasser dieser Hausarbeit auf weitere Teileditionen des Originaltextes zurück, um sich diesem soweit wie möglich anzunähern: 1985 wurden der Prolog und das Kapitel über den Aufruhr wegen doppelten Schoßes von Herbert Blume herausgegeben[7] und ins heutige Deutsch übertragen. Im Jahr 2009 veröffentlichte derselbe Autor dasselbe Kapitel erneut[8], allerdings mit einer geringfügig abweichenden Übersetzung.

Wie bereits oben erwähnt, widmen sich eine Fülle von Veröffentlichungen dem Leben und Werk Hermann Botes. Zur Beschreibung des spätmittelalterlichen Braunschweigs nutzt der Verfasser dieser Hausarbeit vor allem zwei Werke: Einen Beitrag Richard Moderhacks[9] in einem Ausstellungskatalog zum 950. Jubiläum der ersten urkundlichen Erwähnung der Stadt und ein Kapitel aus Carola Kirschners[10] Buch über Hermann Bote.

Aus der das Leben Botes behandelnden Literatur spielen für diese Hausarbeit die unter anderem in einem eigenen Sammelband erschienenen Arbeiten Herbert Blumes[11], sowie

---

[5] Dabei handelt es sich um die „Schicht der Gildemeister", die „Schicht des Rates", die „Schicht Hollandes", den „Aufruhr wegen doppelten Schoßes" und den „Pfaffenkrieg".

[6] Cordes, Gerhard: Überlegungen zur Edition von Hermann Botes Werken, in: Blume, Herbert & Wunderlich, Werner (Hrsg.): Hermen Bote. Bilanz und Perspektiven der Forschung. Beiträge zum Hermen-Bote-Kolloquium vom 3. Oktober 1981 in Braunschweig. Mit einer Bibliographie, Göppingen 1982 (Göppinger Arbeiten zur Germanistik, Nr. 357), S. 45.

[7] Bote, Hermann: Zwei Kapitel aus dem Schichtbuch. Mittelniederdeutsch mit neuhochdeutscher Übersetzung. Ausgewählt und übersetzt und mit einer Einführung versehen von Herbert Blume, Braunschweig 1985; In dieser Ausgabe ist nicht nur der niederdeutsche Originaltext enthalten, sondern auch einige Illustrationen, die Bote für sein Werk angefertigt hat.

[8] Blume: Stadtschreiber, S. 53-83.

[9] Moderhack, Richard: Abriß der Braunschweiger Stadtgeschichte, in: Spies, Gerd (Hrsg.): Brunswiek 1031 – Braunschweig 1981. Die Stadt Heinrichs des Löwen von den Anfängen bis zur Gegenwart, Braunschweig 1981, S. 1-57.

[10] Kirschner, Carola: Hermen Bote. Städtische Literatur um 1500 zwischen Tradition und Innovation, Essen 1996 (Item Mediävistische Studien/Item Medieval Studies, Band 4), S. 21-43.

[11] Blume: Stadtschreiber, S. 19-42; Blume, Herbert: Hermann Bote. „tollenschriver" in Braunschweig und „hogrefe" im Papenteich? Beobachtungen zu Botes Leben anhand seines Zollbuchs, in: Schöttker, Detlev & Wunderlich, Werner (Hrsg.): Hermen Bote. Braunschweiger Autor zwischen Mittelalter und Neuzeit, Wiesbaden 1987 (Wolfenbütteler Forschungen, Band 37), S. 159-177.

Beiträge Martin Kitzingers[12] und Joachim Ehlers[13] zu den Bote-Kolloquien der Jahre 1987 und 1988 eine wichtige Rolle, während Informationen über das Schichtbuch selbst ebenfalls aus der Feder Herbert Blumes[14], aber auch aus der Hans Leo Reimanns[15] stammen.

---

[12] Kitzinger, Martin: Hermann Bote als Braunschweiger Stadtschreiber. Amt und Funktion des Zollschreibers im 15. und frühen 16. Jahrhundert, in: Blume, Herbert & Rohse, Eberhard (Hrsg.): Hermann Bote. Städtischhansischer Autor in Braunschweig. 1488-1988. Beiträge zum Braunschweiger Bote-Kolloquium 1988, Tübingen 1991 (Frühe Neuzeit, Band 4), S. 3-23.

[13] Ehlers, Joachim: Hermen Bote und die städtische Verfassungskrise seiner Zeit, in: Schöttker, Detlev & Wunderlich, Werner (Hrsg.): Hermen Bote. Braunschweiger Autor zwischen Mittelalter und Neuzeit, Wiesbaden 1987 (Wolfenbütteler Forschungen, Band 37), S. 119-131.

[14] Blume: Stadtschreiber, S. 26-29 & 84-139.

[15] Reimann, Hans Leo: Unruhe und Aufruhr im mittelalterlichen Braunschweig, Braunschweig 1962 (Braunschweiger Werkstücke, Band 28).

## II. Hauptteil

### 1. Formale Betrachtung der Chronik

Bei der Betrachtung einer Chronik spielen sowohl formale als auch inhaltliche Kriterien eine Rolle. Die formalen Kriterien befassen sich vorwiegend mit den Entstehungsumständen, dem Verfasser und der Rezeption einer Chronik, während sich die inhaltlichen Kriterien – wie der Name schon sagt – verstärkt mit deren Inhalt auseinandersetzen.

Bei der formalen Betrachtung dieser Chronik, die in diesem ersten Kapitel dieses Hauptteils geschieht, steht zunächst die Stadt Braunschweig zur Entstehungszeit der Chronik und die Vita des Chronisten Hermann Bote im Vordergrund, bevor abschließend das Schichtbuch näher beleuchtet wird.

*a) Der Entstehungs- und Handlungsort: Braunschweig*

Die Gründungssage der Stadt Braunschweig, die ebenfalls von Hermann Bote schriftlich überliefert ist, datiert die formale Gründung Braunschweigs auf das Jahr 861, in welchem die Brüder und Herzöge von Sachsen, Bruno und Danckwort, mit dem Bau der Burgen Danckwerderode und Brunswick begannen. Inwieweit dies tatsächlich zutrifft, ist heute ungewiss.[16]

Fest steht hingegen, dass Braunschweig erstmalig 1031 urkundlich durch den Halberstädter Bischof Branthag anlässlich der Weihung der Magnikirche erwähnt wird.[17] Prägendste Gestalt des mittelalterlichen Braunschweig war Heinrich der Löwe, seit 1142 Herzog von Sachsen, der die Stadt zu seiner Residenz ausbauen ließ und dadurch überregional bekannt machte.[18]

Aufgrund ihrer relativ günstigen geografischen Lage, die es Braunschweig ermöglichte als Umschlagplatz zwischen dem Harz und der Nordseeküste zu fungieren, gelang es der Stadt immer mehr wichtige Handelswege an sich zu ziehen und Privilegien in bedeutenden Städten wie in Brügge und Antwerpen, aber auch in England und Dänemark zu erhalten. Dadurch wurde Braunschweig eine der wichtigsten binnenländisch gelegenen Städte der Hanse.[19]

---

[16] Moderhack: Abriß, S. 1.
[17] Ebd., S. 2.
[18] Ebd., S. 3-4.
[19] Ebd., S. 8.

Seit dem Ende des 13. Jahrhunderts bestand die Stadt Braunschweig aus insgesamt fünf Weichbildern, die jeweils einen eigenen Rat besaßen, nämlich der Altstadt, dem Hagen, der Neustadt, der Altewiek und dem Sack[20]. Deren Ratsherren gründeten bis 1325 einen gemeinsamen Rat mit dem Ziel, die Belange der gesamten Stadt gemeinsam zu vertreten.[21]

In den folgenden beiden Jahrhunderten wurde das Zusammenleben in der Stadt immer wieder durch Aufstände verschiedener gesellschaftlicher Gruppen erschüttert. Über diese berichtet der Chronist Hermann Bote in seinem Schichtbuch. Vor allem zwei Schichten[22], die große Schicht[23] von 1374 bis 1380, in deren Folge die Stadt durch für kurze Zeit durch die Hanse aus ihren Reihen ausgeschlossen wurde, und die Schicht Ludeke Hollands von 1488 bis 1491, die zu einer Machtübernahme durch die Gilden führte, hatten weitreichende Konsequenzen für die Stadt.

Neben den inneren Unruhen und Umbrüchen spielten die Bemühungen der Stadt, die Reichsunmittelbarkeit zu erlangen und zu bewahren, eine wichtige Rolle im spätmittelalterlichen Braunschweig. Zwischen 1400 und 1432 erhielt sie immer weitergehende Rechte und Privilegien, wie beispielsweise das Münzrecht (1412) oder die praktische Autonomie im Justizwesen (1415), die schließlich zu einer de-facto-Reichsunmittelbarkeit der Stadt führten.[24] Nicht zuletzt deshalb verlegten die Welfen ihre Residenz 1432 in das nahe gelegene Wolfenbüttel.

Sie versuchten daraufhin mit unterschiedlichen Mitteln, vor allem aber durch Belagerungen, die Stadt wieder unter ihre direkte Kontrolle zu bringen, wie beispielsweise zwischen 1492 und 1494[25] oder zwischen 1550 und 1553[26]. Allerdings gelang es ihnen erst 1671 Braunschweig nach dreiwöchiger Belagerung wieder einzunehmen. Dadurch verlor die Stadt letztlich ihre Souveränität.[27]

Diese weitestgehend autonome, von internen und externen Krisen geschüttelte Stadt bildet die Kulisse für Hermann Botes Schichtbuch.

---

[20] Zu ihrer geografischen Lage der Weichteile in der Stadt vgl. Anhang A.
[21] Kirschner: Literatur, S. 60.
[22] Der Begriff Schicht kann im niederdeutschen sowohl für Aufruhr als auch für Geschichte stehen.
[23] Im Schichtbuch wir diese die „Schicht des Rates" genannt.
[24] Kirschner: Literatur, S. 25.
[25] Ebd., S. 29; Moderhack: Abriß, S. 14-15.
[26] Moderhack: Abriß, S. 18-19.
[27] Ebd., S. 12-13.

## b) Der Chronist: Hermann Bote

Obwohl Hermann Bote einer der in der Forschung meistuntersuchten niederdeutschen Chronisten des Spätmittelalters ist, ist über seine Vita relativ wenig Gesichertes bekannt. Vor allem sein Geburtsdatum ist in der Literatur umstritten, da es nur aufgrund anderer bekannter Daten und Vermutungen rekonstruiert werden kann. Ging die Forschungsmeinung früher noch von einer Geburt Botes in den 1460er Jahren aus[28], so gilt heute eine Geburt vor 1451[29] als wahrscheinlich.

Seine Familie stammt ursprünglich aus Wernigerode, sein Vater Arnt war Schmiedemeister und in späteren Jahren Bürgermeister im Hagen, bis er 1488 im Zuge der Schicht Ludeke Hollands aus dem Amt gejagt wurde.[30] Über die schulische Bildung des späteren Chronisten ist ebenso wenig bekannt[31] wie über seine Motivation, nicht den Beruf des Vaters zu ergreifen, sondern sich seinen Lebensunterhalt als Bediensteter der Stadt zu verdienen.[32]

Im Zuge der Schicht Ludeke Hollands unterstützte Bote, der zu dieser Zeit als Zollschreiber für die Stadt arbeitete[33], öffentlich die alte Ratspartei, indem er zusammen mit einem Gerichtsschreiber 1488 und 1491/92 mehrere Spottlieder auf Ludeke Holland und damit zuungunsten der Gilden verfasste. Daraufhin wurde er unter Hausarrest gestellt, was faktisch einer Amtsenthebung gleichkam.[34]

Für die Jahre 1488 bis 1492 wird angenommen, dass Bote Hogrefe[35] in der nördlich von Braunschweig gelegenen Gografschaft Papenteich gewesen ist. Seine Aufgabe in diesem Amt bestanden vor allem im Erheben von Abgaben.[36] Ab 1492 trat er – zunächst als Bierschenk im Ratskeller – wieder in die Dienste der Stadt.[37] Fünf Jahre später gelangte er wieder in das Amt des Zollschreibers, das er bis 1513 inne hatte, als er im Zuge des Auf-

---

[28] Zum Beispiel Cordes, Gerhard: Bote, Hermann, in: Neue Deutsche Biographie, Band 2, Berlin 1955, S. 487.
[29] Zum Beispiel Blume: Stadtschreiber, S.19.
[30] Ehlers: Verfassungskrise, S. 127.
[31] Herbert Blume schließt den Besuch einer Lateinschule aufgrund Botes mangelhaften Lateinkenntnissen aus. Vgl. Blume: Stadtschreiber, S. 20.
[32] Blume: Stadtschreiber, S. 20.
[33] Für diese Zeit ist seine Arbeit als Stadtschreiber nur mit schriftlichen Angaben von Bote selbst nachweisbar. Vgl. Kitzinger: Stadtschreiber, S. 21.
[34] Ebd., S. 20-21.
[35] Hogrefen (auch Gogrefen) waren als Richter für einen Gogerichtsbezirk verantwortlich, der ein Unterbezirk einer Grafschaft war.
[36] Blume: Stadtschreiber, S. 20-21 & 200.
[37] Ebd., S. 22.

ruhrs wegen doppelten Schoßes von einer wütenden Menge fast ermordet und schließlich aus dem Amt gedrängt wurde.[38]

Ab 1516 stand Hermann Bote wieder in städtischen Diensten, diesmal als Ziegeleiverwalter. Seine Spur verliert sich 1520 mit seiner letzten Lohnzahlung. Daher wird dieses Jahr allgemein als sein Todesjahr angenommen.[39]

Der Chronist Hermann Bote war also nur nebenberuflich schriftstellerisch tätig, während er hauptberuflich als *„kommunaler Angestellter"*[40] bezeichnet werden kann. Sein Bildungshintergrund scheint auch nicht dem zu entsprechen, was für die damalige Zeit typisch für einen *„humanistisch gebildeten, gelehrten Autor"*[41] war. Dennoch ist *„Hermann Bote [...] zu einem Autor von Rang und von Bedeutung avanciert, der nicht nur wegen des Interesses am historischen Quellenwert seiner Werke, sondern auch wegen seines oft zupackend-pointierten Sprachstils seine gelehrten Leser fand."*[42]

Seine Werke wurden von der Forschung erst relativ spät und nur schrittweise entdeckt. Einzig das Zollbuch trägt den Namen seines Autors. Durch einen Schriftenvergleich konnte Ludwig Hänselmann 1880 auch das Schichtbuch Bote zuordnen.[43] Des Weiteren werden ihm mit relativer Sicherheit die Hannoversche und Braunschweiger Weltchronik[44], das Radbuch[45] und der Köker[46] (eine 2290 Verse umfassende Spruchsammlung) zugeschrieben.

Unsicher hingegen ist, ob Hermann Bote auch Autor des Eulenspiegel und der „Chronecken der Sassen" ist. Diese Frage ist in der Forschungsliteratur seit nunmehr fast 40 Jahren umstritten.[47]

Obwohl die große Gattungsheterogenität der Schriften Botes auffällig ist, weisen die meisten jedoch eine Gemeinsamkeit auf: In ihnen wird Herbert Blume zufolge der politische Standpunkt des Autors deutlich, der sich eindeutig auf Seiten des Rates und der al-

---

[38] Ebd., S. 23.
[39] Ebd., S. 23-24.
[40] Lindow: Leben, S. 4.
[41] Blume: Stadtschreiber, S. 20.
[42] Blume, Herbert & Rohse, Eberhard (Hrsg.): Hermann Bote. Städtisch-hansischer Autor in Braunschweig. 1488-1988. Beiträge zum Braunschweiger Bote-Kolloquium 1988, Tübingen 1991 (Frühe Neuzeit, Band 4), S. VII.
[43] Kirschner: Literatur, S. 67.
[44] Blume: Stadtschreiber, S. 29.
[45] Ebd., S. 38.
[46] Ebd., S. 37.
[47] Vgl. Kirschner: Literatur, S. 68-71; Blume: Stadtschreiber, S. 31-37.

ten städtischen Ordnung verorten lässt.[48] Am deutlichsten tritt dieses politische Weltbild des Autors in seinem Schichtbuch hervor.

## c) Die Chronik: Das Schichtbuch

Das Schichtbuch (im Original „Das schicht boick") ist keine städtische Chronik im eigentlichen Sinn. Es beschreibt nicht die Geschichte Braunschweigs von ihren Anfängen bis zur Gegenwart des Autors, es ist vielmehr eine Sammlung von mehreren Aufständen, von Bote „Schichten" genannt, die zwischen den Jahren 1292 und 1514 in der Stadt stattfanden. Diese dienen ihm als Beispiel dafür, die Stadtoberen zu einem dem gemeinen Wohl verpflichteten Handeln zu drängen und dadurch Aufstände zu verhindern, die der Stadt nur Unglück bringen würden. So schreibt er in seinem Prolog: „Dyrumme, gy erbaren lude in den erliken steden, weset vorsichtich unde bedencket wat nakomen mach. [...] So sund alle juwe undersaten behorssem unde sittet under ju in dwanghe."[49]

Auf den Prolog folgen sechs Kapitel, von denen sich jedes einer Schicht in chronologischer Reihenfolge widmet: Die Schicht der Gildemeister (1293-1294), die Schicht des Rates (1374-1376), der Pfaffenkrieg (1313-1414), die Schicht der ungehorsamen Bürger (1445-1446), die Schicht Ludeke Hollandes (1488-1510) und der Aufruhr wegen doppelten Schoßes[50] (1512-1514). Die Schicht Ludeke Hollandes nimmt dabei den insgesamt größten Raum aller Schichten ein, vermutlich da Bote diese mit ihren Auswirkungen am eigenen Leib erlebt hatte. Zu diesen sechs Schichten gesellen sich ein Kapitel über die Pagemunte[51], ein Klöster- und Kirchenverzeichnis der Stadt Braunschweig und ein Wappenbuch, das die Wappen des Kaisers bis hin zu denen der Braunschweiger Familien enthält. Zu Beginn eines jeden Kapitels findet sich in der Originalhandschrift Tierillustrationen, die auch in der Einleitung zu dem jeweiligen Kapitel aufgegriffen werden.[52]

Hermann Bote verfasste das Schichtbuch in den Jahren von 1510 bis 1514, wobei die Arbeit an dem Werk wahrscheinlich 1510 mit dem Kapitel über die Pagemunte enden sollte. Aus gegebenem Anlass scheint Bote dann aber noch den Aufruhr wegen doppelten Schoßes eingefügt zu haben, was sich in einigen stilistischen Abweichungen zu den restlichen

---

[48] Blume: Stadtschreiber, S. 24.
[49] Bote: Kapitel, S. 12.
[50] Der Schoß war eine mittelalterliche Steuer.
[51] Die „Bezahlmünze", also das Geld, mit dem man bezahlte.
[52] Vgl. Anhang B.

Kapiteln bemerkbar macht. Damit endete die Bearbeitung im Jahr 1514.[53] Da dieser Nachtrag aber noch vor der Veröffentlichung des Werkes vorgenommen wurde, liegt diese Chronik trotzdem als geschlossene Form vor.

Die Frage, ob das Schichtbuch als Auftragsarbeit des Braunschweiger Rates oder aus eigener Motivation Botes heraus entstand, ist in der Forschung umstritten. Zugunsten der ersten These spricht sich vor allem Carola Kirschner[54] aus, allerdings beruht ihre Argumentationskette mehr auf Vermutungen und Annahmen als auf handfesten Beweisen. Die These, die von einer autonomen Entstehung des Werkes ausgeht, wird unter anderem von Priscilla Hayden-Roy[55] vertreten. Herbert Blume lässt diese Frage unbeantwortet, er hält beide Entstehungsvarianten für möglich.[56]

Als Adressatenkreis des Schichtbuchs muss man – wie bereits oben erwähnt – an erster Stelle die führenden Bürger der Stadt Braunschweig nennen. Ihnen wollte Hermann Bote durch historische Beispiele vor Augen führen, wie wichtig das Handeln der Oberen im Sinne des Gemeinen Gutes ist, um Krisen und Konflikte innerhalb der Stadtgemeinschaft zu vermeiden.[57]

Seine Kenntnisse über die Vorgänge hat Bote im Falle der Schicht Ludeke Hollands und des Aufruhrs wegen doppelten Schoßes wohl vor allem aus eigener Erfahrung gewonnen, während er die vor seiner Zeit stattgefundenen Schichten zum Großteil aus mündlichen Überlieferungen rekonstruiert hat.[58]

Das Schichtbuch selbst ist in sechs Handschriften überliefert. Die Originalhandschrift (A) befindet sich zusammen mit einer Abschrift (B) in der Herzog-August-Bibliothek in Wolfenbüttel. Auf ersterer basiert die Edition Ludwig Hänselmanns von 1880. Drei weitere Abschriften (C, D, E) befinden sich im Stadtarchiv Braunschweig, eine weitere (F) in der Sächsischen Landesbibliothek Dresden. Die Abschriften sind allerdings nicht vollkommen originalgetreu. So fehlen der Dresdener Abschrift die Illustrationen, während in einer

---

[53] Blume, Herbert: Hermann Bote. Sein Schichtbuch und der „Uployp van twen schoten". Einführung von Herbert Blume, in: Bote, Hermann: Zwei Kapitel aus dem Schichtbuch. Mittelniederdeutsch mit neuhochdeutscher Übersetzung. Ausgewählt und übersetzt und mit einer Einführung versehen von Herbert Blume, Braunschweig 1985, S. 52-53.

[54] Kirschner: Literatur, S. 71-75.

[55] Hayden-Roy, Priscilla: The Masquerade of History. Hermann Bote's Schichtboik, in : Daphnis. Zeitschrift für mittlere deutsch Literatur und Kultur der frühen Neuzeit 22 (1993) 4, S. 562.

[56] Blume: Stadtschreiber, S. 109.

[57] Ehlers: Verfassungskrise, S. 128.

[58] Hänselmann, Ludwig: Einleitung, in: Hänselmann, Ludwig: Die Chroniken der niedersächsischen Städte. Braunschweig. Zweiter Band, photomechanischer Nachdruck der ersten Auflage, Stuttgart 1962 (Die Chroniken der deutschen Städte vom 14. Bis ins 16. Jahrhundert, Band 16), S. 288-289.

Braunschweiger Abschrift (E) nur zwei Kapitel des Schichtbuchs enthalten sind. Die Abschriften B, C und D unterscheiden sich vom Original nur durch geringfügige textliche Abweichungen.[59]

Literarisch verarbeitet wurde das Schichtbuch zunächst etwa 40 Jahre später von Andreas Schoppius in der sogenannten Schoppius-Chronik. Er nutzte das Schichtbuch als Kern seiner Chronik der Stadt Braunschweig, indem er die Lücken vor, zwischen und nach den einzelnen Schichten Botes mit eigenen Kapiteln ausfüllte. Die Chronik beginnt mit der Gründungssage der Stadt Braunschweig und endet im frühen 17. Jahrhundert. Ebenfalls beigefügt sind der Schoppius-Chronik einige Lieder Botes.[60] In den weiteren Bearbeitungen der Schoppius-Chronik – unter anderem vom Braunschweiger Bürgermeister Christoph Gerke (1628-1714) – befinden sich somit auch immer noch Teile von Hermann Botes Schichtbuch.[61]

### d) Zusammenfassung

Hermann Bote verfasste sein Schichtbuch zu Beginn des 16. Jahrhunderts mit dem Ziel, die führenden Schichten des Rates mit Hilfe historischer Beispiele zu belehren. Sie sollten ihr Handeln am Gemeinen Wohl ausrichten, um im Sinne der Stadtgemeinschaft Aufstände zu verhindern.

Die Braunschweiger Geschichte des Mittelalters bot ihm genug beispielhafte städtische Unruhen, deren Auswirkungen er in zwei Fällen sogar am eigenen Leib zu spüren bekam: Er wurde in beiden Fällen aus seinem Amt gejagt. In diesen Erfahrungen könnten auch seine politischen Überzeugungen begründet liegen. Bote stellte sich bereits 1488 öffentlich auf Seiten des alten Rates und damit gegen die Aufständischen.

Er gehörte als Zollschreiber nicht zur Verwaltungselite der mittelalterlichen Stadt Braunschweig und auch seine Schulbildung scheint nicht der für einen Chronisten typischen entsprochen zu haben.

Dennoch verfasste er mehrere, von der heutigen Forschung als wertvolle Quelle geschätzte Texte unterschiedlichster Gattungen. Die Klammer dieser Texte bildet dabei sein Eintreten für die alte städtische Ordnung.

---

[59] Blume: Stadtschreiber, S. 137-139.
[60] Ebd., S. 112-114.
[61] Ebd., S. 116-120.

## 2. Inhaltliche Betrachtung der Chronik

Viele Historiker sahen und sehen bei ihrer Forschung das Schichtbuch vor allem als Beispiel für städtische Aufstände des späten Mittelalters.[62] So tat dies auch Hartmut Boockmann in einem Aufsatz[63], der erstmalig 1989 erschienen ist. In diesem skizzierte er ein
Grundmuster städtischer Aufstände anhand der Schicht der ungehorsamen Bürger.[64]

Diese Skizze soll in dieser Hausarbeit als Ausgangspunkt für die inhaltliche Betrachtung
des Schichtbuchs dienen. Dazu wird der Verfasser dieser Hausarbeit zunächst das Grundmuster Boockmanns nachzeichnen und anschließend auf die fünf verbleibenden Schichten anwenden.

*a) Grundmuster städtischer Aufstände am Beispiel der Schicht der ungehorsamen Bür-
ger*

In seinem Aufsatz richtete Hartmut Boockmann seinen Forscherblick auf die Schicht der
ungehorsamen Bürger.[65] Anlass für diesen Aufstand war Bote zufolge ein Streit zwischen
mehreren Familien des Hagens, der schließlich zu einer Aufspaltung des Rates in Parteiungen führte. Hier liegt für Boockmann der Kern eines Aufstands: Das Verhältnis zwischen
dem Rat und den Bürgern, dass sich einem *„labilen Gleichgewicht"*[66] befand, wurde durch
Parteiungen, die sich im Rat bildeten und sich gegen dessen Verfassung richteten, gestört,
wenn sie sich auch in der Bevölkerung selbst fortsetzten.[67]

Dies allein reichte allerdings nicht dafür aus, dass sich die Spannungen in einem Aufstand
entluden. Um diesen ausbrechen zu lassen, musste es einen konkreten Auslöser geben,
der sich im vorliegenden Falle in der braunschweigischen Außenpolitik fand. Aufgrund
einer fehlgeschlagenen Belagerung wollten die Stadtoberen die Abgaben verdoppeln, um
die hohen Kriegskosten zu zahlen.[68]

---

[62] Schöttker, Detlev & Wunderlich, Werner: Bote-Forschung seit 1981, in: Schöttker, Detlev & Wunderlich,
Werner (Hrsg.): Hermen Bote. Braunschweiger Autor zwischen Mittelalter und Neuzeit, Wiesbaden 1987
(Wolfenbütteler Forschungen, Band 37), S. 20.
[63] Boockmann: Krise.
[64] Einem ähnlichen Ansatz folgte bereits 1962 Hans Leo Reimann in seiner Dissertation, allerdings konstru-
ierte er kein Grundmuster für den Ablauf eines städtischen Aufstands; Vgl. Reimann: Unruhe.
[65] Quelle: Bote: Schichtbuch, S. 332-348; Zusammenfassung: Moderhack: Abriß, S. 13-14; Reimann: Unruhe,
S. 85-88.
[66] Boockmann, Krise: S. 748.
[67] Ebd., S. 735.
[68] Ebd., S. 735-736.

Die aufständischen Gruppierungen mussten nun versuchen, möglichst viele Bürger auf ihre Seite zu ziehen. In dieser *„politisch unverständigen Stadtbevölkerung"*[69] sieht Boockmann *„ein leicht verführbares Unruhepotenzial"*[70]. Dafür bedienten sich die Aufständischen den Mitteln der Propaganda. Im Fall der Schicht der ungehorsamen Bürger forderte eine Menge auf dem Markt, die Bürgermeister zu köpfen.[71]

Auf diese sich öffentlich entladenen Spannungen konnte der Rat laut Boockmann auf zwei Weisen reagieren. Entweder ging er hart gegen die Aufständischen vor oder er gab ihnen nach. Im vorliegenden Fall nahm der Rat die Schoßerhöhung zurück, er gab also der Masse nach, die städtische Bevölkerung war mit einer drohenden Steuererhöhung nicht mehr zu mobilisieren.[72]

Daher versuchten die Unzufriedenen die Bevölkerung mit einem andern Mittel den Widerstandswillen ihrer Mitbürger zu wecken, nämlich mit den Verwandtschaftsverhältnissen im Rat, die zu einer Art Vetternwirtschaft geführt hatten. Auch hier gab der Rat nach und erließ am 12. Juli 1445 die sogenannte Große Urkunde.[73]

Die Unzufriedenheit blieb jedoch und die innerstädtischen Spannungen nahmen zu. Zunächst drückte sie sich in öffentlichem Ungehorsam, später durch einen erneuten Aufstand aus. Der Rat hatte jedoch einzelne Gilden auf seine Seite gezogen und so nach und nach die Aufständischen im Rat separiert. Nun konnte er gegen die Aufständischen gerichtlich vorgehen. Als diese immer noch nicht von ihren Umsturzplänen abrückten, ging der Rat schließlich gewaltsam gegen die verbliebenen Aufrührer vor und beendete so den Aufstandsversuch.[74]

Die schnelle Erreichung des innerstädtischen Friedens war für die Erhaltung der städtischen Privilegien unabdingbar, da die freien Städte nicht selten durch Aufstände wieder in die Gewalt von Landesfürsten gerieten, die den Städten zunächst ihre Freiheiten zugestanden hätten.[75]

Folgende Voraussetzungen mussten also für den Ausbruch eines Aufstands gegeben sein: Zunächst waren Bürger oder Ratsherren vonnöten, die mit den herrschenden Verhältnissen unzufrieden waren. Diese mussten einen geeigneten Anlass finden, um mit propa-

---

[69] Ebd., S. 747.
[70] Ebd.
[71] Ebd., S. 736- 737.
[72] Ebd., S. 737.
[73] Ebd.
[74] Ebd., S. 738-744.
[75] Ebd., S. 746.

gandistischen Mitteln die städtischen Massen zu einem offenen Aufstand gegen den Rat zu veranlassen. Dem Rat wiederum standen zur Abwehr dieses Aufstands zwei Wege zur Verfügung: Nachgeben oder hart durchgreifen. Das Ziel seines Handelns musste in jedem Fall die möglichst zügige Wiederherstellung des Friedens innerhalb der städtischen Gemeinschaft sein. Dieses Grundmuster von städtischen Aufständen[76] und deren Niederschlagung gilt es nun in den übrigen Schichten wiederzufinden.

### b) Die Schicht der Gildemeister

Die Schicht der Gildemeister[77] wurde ausgelöst durch einen Konflikt zwischen den beiden Herzögen von Braunschweig, Heinrich und Albrecht, die sich nicht über den Besitz der ihnen von ihrem Bruder vererbten Stadt einig wurden. Heinrich verbündete sich daraufhin mit Gildemeistern des Hagens gegen den Rat[78].[79] Die Trennung in Parteiungen erfolgte in diesem Fall also von außen, wurde allerdings durch das Nebeneinanderexistieren der Weichteile begünstigt.

Einen konkreten Anlass zum Aufstand fanden die Gildemeister dann in dem Wunsch danach, *„dat eyn iderman mer na deme dage scholde synem rechten bekomen"*[80]. Weitere Anliegen waren eine Veränderung der Marktordnung und der städtischen Finanzen.[81] Um diesen Forderungen Nachdruck zu verleihen übten sie zivilen Ungehorsam, indem sie in den Gewässern des Rates fischten.[82]

Der Rat kam den Gildemeistern zunächst entgegen und bat sie darum, sich mit ihnen an einen Tisch zu setzen, um zu verhandeln. Diese lehnten dies allerdings ab und bewaffneten sich, woraufhin der Rat dasselbe tat. Eine gewalttätige Auseinandersetzung wurde durch die Vermittlung Herzog Heinrichs verhindert.[83] Der Konflikt zwischen beiden Gruppen schwelte allerdings weiter. Der Rat verbündete sich heimlich mit Heinrichs Bruder Albrecht. Dieser begab sich in die Stadt und forderte die „Zwölfe", die Vertreter der Gildemeister, auf, zu sich kommen und bot ihnen an, das Vorangegangene zu vergessen,

---

[76] Vgl. Anhang C.
[77] Quelle: Bote: Schichtbuch, S. 301-310; Literatur: Moderhack: Abriß, S. 8; Reimann: Unruhe, S. 29-38.
[78] Braunschweig besaß zu dieser Zeit noch keinen gemeinsamen Rat, der alle fünf Weichteile umfasste. Dieser wurde erst 1325 gebildet. Vgl. auch Kapitel 1.a) und Reimann: Unruhe, S. 30-31.
[79] Bote: Schichtbuch, S. 301.
[80] Ebd., S. 302.
[81] Reimann: Unruhe, S. 31.
[82] Bote: Schichtbuch, S. 302.
[83] Bote: Schichtbuch, S. 303-304.

wenn sie den Huldingungsbrief der Gilden an Heinrich herbei holten. Die Zwölfe gingen darauf ein, allerdings verweigerte ihnen Heinrich die Aushändigung und floh mit ihrem Anführer aus der Stadt. Die übrigen elf wurden daraufhin von Albrecht festgenommen und zum Tode verurteilt.[84] Mit Vollstreckung des Urteils endete auch der Konflikt innerhalb der Stadt, welche von nun an Herzog Albrecht huldigte.[85]

Der Aufstand der Gildemeister war also zunächst ein Erbfolgekonflikt zwischen zwei Herzögen, der sich auf die noch nicht geeinte Stadt übertrug. Nachdem ein Entgegenkommen des Rates nicht half, den Konflikt zu beenden, verband sich dieser mit Herzog Albrecht und brachte so die Stadt unter seine Kontrolle. Daher lässt sich diese Schicht auch als Stellvertreterkonflikt bezeichnen. Eine eindeutige Parteinahme der gemeinen Bevölkerung hingegen lässt sich nicht eindeutig nachweisen. Zwar erwähnt Bote diese mehrfach, allerdings scheint sie wie die Stadt selbst noch keine Einheit gebildet zu haben.

### c) Die Schicht des Rates

Die Schicht des Rates[86] war der erste große Aufstand mit dem sich der 1325 gegründete Gemeine Rat der Stadt befassen musste. Seine Kontrahenten waren vor allem die Gilden, und unter diesen insbesondere die des Hagens.[87] Diese wollten anscheinend ihren Einfluss in Rat und Stadt zu vergrößern.[88]

Einen Anlass zum offenen Vorgehen gegen die städtische Obrigkeit fanden die Gildemeister in der geplanten Erhöhung von Abgaben[89], um die hohen Folgekosten einer gescheiterten Fehde mit der Stadt Magdeburg begleichen zu können.[90]

Mit dieser drohenden Steuererhöhung gelang es den Gildemeistern relativ leicht, die Bevölkerung zu informieren, für sich zu gewinnen und gegen den Rat aufzubringen. Noch während der Sitzung erhielt der Rat die Nachricht, dass *"de meynheyt keme lopen unde*

---

[84] Ebd., S. 307-309.
[85] Ebd., S. 310.
[86] Diese wird in der Literatur auch die große Schicht genannt; Quelle: Bote: Schichtbuch, S. 311-319; Literatur: Moderhack: Abriß, S. 10-11; Reimann: Unruhe, S. 45-60.
[87] Bote: Schichtbuch, S. 311-312. Reimann spricht in seiner Dissertation sogar von sechs an der Schicht beteiligten Gruppen: Zwei verfeindete Gruppen innerhalb des Rates, Gildevertreter, die den Rat unterstützen, solche, die dies nicht tun, eine große notleidende Menge von Menschen und die Gemeinde der Altewiek, die den Konflikt aus ihrem Weichbild heraushielt. Vgl. Reimann: Unruhe, S. 60-61.
[88] Vor allem in der älteren Literatur wird dieser Konflikt oft zu einem Kampf um die Demokratisierung der Stadtverfassung stilisiert, in dem sich die sozial niedrigere Schicht der Gilden ihr Mitspracherecht im Rat erkämpft hätte. Dieser Auslegung von Botes Bericht widerspricht vor allem Reimann. Vgl. Reimann: Unruhe, S. 67-72.
[89] Reimann nennt hier explizit die Kornzise.
[90] Bote: Schichtbuch, S. 311.

*wollte de Rad slan.*[91] Die Aggressionen der Bevölkerung entluden sich dann an der Familie eines Bürgermeisters, die schwer misshandelt wurde.[92] Zwei Tage später wurden mehrere Bürgermeister von den in der Stadt wütenden Aufständischen ermordet. Zwei weitere wurden festgenommen und kurze Zeit später zum Tode verurteilt.[93] Daraufhin flohen viele einstmals angesehene Bürger aus der Stadt und fanden Zuflucht in befreundeten Städten. Die Herrschaft über die Stadt übernahm ein neuer Rat, der von den aufständischen Gilden gebildet wurde.[94]

Die Städte, in die die Bürger geflohen waren, stellten ihren Handel mit Braunschweig ein. Die Stadt wurde aus der Hanse ausgeschlossen.[95] Die Auswirkungen dieser Entwicklungen beschreibt Bote wie folgt: *„De Stad wart swack, de Rad unde borgere worden arm, so dat se mosten upsetten sware zise, molenpennige unde dat schot [...].*"[96] Unter der Vermittlung der Hansestädte Lübeck, Hamburg und Lüneburg kam es nach sieben Jahren schließlich zu einem Frieden zwischen den Aufständischen und den Flüchtlingen. Der status quo ante wurde wiederhergestellt.[97]

Ausgangspunkt der Schicht des Rates war das Streben der Gilden nach mehr Einfluss. Aufgrund drohender Abgabenerhöhungen gelang es ihnen die Bevölkerung auf ihre Seite zu ziehen und für mehrere Jahre die Macht in der Stadt zu übernehmen. Der alte Rat und seine Sympathisanten gingen aus dem Exil gegen ihre Gegner vor, höchstwahrscheinlich auch indem sie sich für einen Handelsboykott gegenüber Braunschweig einsetzten. Dieser führte letztendlich zur Niederlage der Aufständischen und dadurch zur Wiederherstellung des innerstädtischen Friedens, der 1386 durch eine neue Verfassung bestätigt wurde, die sich explizit auf die Verfassungstradition vor dem Aufstand berief und von allen Seiten getragen wurde.[98]

---

[91] Ebd.
[92] Reimann: Unruhe, S. 47-50.
[93] Bote: Schichtbuch, S. 313-314.
[94] Ebd., S. 315.
[95] Ebd., S. 317; Reimann: Unruhe, S. 53-56.
[96] Bote: Schichtbuch, S. 316-317.
[97] Ebd., S. 317.
[98] Reimann: Unruhe, S. 83-84; Moderhack: Abriß, S. 11.

*d) Der Pfaffenkrieg*

Bei dem Pfaffenkrieg[99] handelte es sich im Gegensatz zu den anderen Schichten um keinen Konflikt zwischen unterschiedlichen Bürgerparteiungen, sondern um einen Streit zwischen den weltlichen und geistlichen Autoritäten der Stadt. Dieser Streit entzündete sich konkret an zwei Dingen: Der Einsetzung eines neuen Pfarrers in St. Ulrici und der Einrichtung einer neuen Lateinschule.[100]

Letzteres erschien dem Rat vor allem deswegen notwendig, da in den beiden kirchlichen Schulen *„der borger kindere geslagen, vorhömodet unde vornichtet"*[101] wurden. Desweiteren wollte er die höhere schulische Ausbildung der Jugend modernisieren. Die Kirchenleute jedoch waren strikt gegen die Eröffnung neuer Schulen. Bei einem Aufeinandertreffen beider sich gegenüberstehenden Gruppen kam es zu Handgreiflichkeiten (*„[...] dat se sich darover by den haren togen"*[102]).

Der folgende, sieben Jahre andauernde Streit zwischen beiden Parteien führte zu einer Störung des kirchlichen Lebens und zu langwierigen Verhandlungen der Stadt mit dem Vatikan. Letztlich wurde der Streit durch einem Vergleich Herzog Bernwards beigelegt.[103]

Da diese Schicht keinen Konflikt unter den Bürgern selbst darstellte, lässt sich das Schema Boockmanns nur sehr begrenzt auf sie anwenden. Dazu trägt auch der Umstand bei, dass es im Zuge der Auseinandersetzungen zu keinem Zeitpunkt zu einem Übergreifen des Streits auf die einfache Stadtbevölkerung kam.

*e) Die Schicht Ludeke Hollands*

Ähnlich der Schicht der Gildemeister handelt auch die Schicht Ludeke Hollands[104] – benannt nach der zentralen Figur des Aufstandes – von einer erzwungenen radikalen Umgestaltung des Rates. Die zwei widerstreitenden Parteien waren in diesem Fall wiederum der Gemeine Rat und ein von Ludeke Holland, einem Bürgermeister des Sacks, angeführter Verbund mehrerer Gilden.[105]

Den Ausbruch des Aufstandes beförderte zu Beginn des Jahres 1488 die Erlassung eines Münzediktes, durch dessen Folgen das Vermögen der einfachen Bevölkerung abgewertet

---

[99] Quelle: Bote: Schichtbuch, S. 320-331; Literatur: Moderhack: Abriß, S. 13.
[100] Moderhack: Abriß, S. 13.
[101] Bote: Schichtbuch, S. 321.
[102] Ebd.
[103] Ebd.
[104] Quelle: Bote: Schichtbuch, S. 349-407, Literatur: Moderhack: Abriß, S. 14; Reimann: Unruhe, S. 98-107.
[105] Bote: Schichtbuch, S. 355.

worden wäre, da der Umtauschkurs außerstädtischer Münzen, die einen geringeren Edelmetallgehalt hatten und vor allem unter den Ärmeren verbreitet waren, zu deren Nachteil verschlechtert werden sollte. Dagegen regte sich ein massiver öffentlicher Protest, der in der Forderung gipfelte, den Münzmeister zu köpfen. Der Rat nahm daraufhin das Edikt zurück, die Stimmung in der Stadt blieb allerdings weiterhin unruhig. Aufgrund des Gerüchtes, dass der Rat alle an den Protesten beteiligten Bürger gerichtlich verfolgen wolle, verbündeten sich die Schuhmacher und die Kürschner, sich gegenseitig beizustehen, sollte dieser Fall eintreten.[106]

Obwohl der Rat dieses Gerücht dementierte, schlossen sich immer mehr Gilden diesem Bündnis an, das schließlich die Mehrheit der städtischen Bevölkerung vertrat. Ihre Anführer arbeiteten einen Rezess aus, der sich gegen den Rat richtete. Inwieweit Ludeke Holland zu diesem Zeitpunkt schon zu den führenden Mitgliedern dieses Bundes gehörte geht aus Botes Schilderung nicht hervor. In dieser tritt er erstmalig in Erscheinung, als der Rezess durch ihm dem Rat vorgelegt wurde. Obwohl der Rat den Rezess zunächst nicht akzeptieren wollte, sah er sich aufgrund der Proteste der einfachen Bevölkerung dazu gezwungen, ihn anzunehmen.[107]

Dadurch übernahm ein „Rat der Vierundzwanzig", geführt von Ludeke Holland, die Macht. Der Gemeine Rat verlor an Bedeutung, nachdem zuvor viele seiner Mitglieder aus dem Amt gejagt wurden.[108] In der Folge enttäuschte aber Hollands Amtsführung die Bevölkerung Braunschweigs, zumal es ihm nicht gelang, die in dem Rezess angeprangerten Missstände zu beseitigen.[109]

Aufgrund dieser Unzufriedenheit nahm die Beliebtheit Hollands bis zum November 1490 immer weiter ab. Durch ein Gerücht, Holland hätte Kenntnis davon, dass der Herzog Waffen in seine in der Stadt gelegene Burg bringen lassen, schlug diese Unzufriedenheit in eine Ablehnung der Herrschaft der Vierundzwanzig um. Die Bürgermeister schlossen nun mit dem Volk ein Bündnis gegen Holland und für die Wiedereinführung der alten Ordnung.[110]

Holland erkannte seine nun aussichtslos gewordene Lage und verschanzte sich in einer Wagenburg auf dem Andreasfriedhof. Dort ergab er sich letztlich in die Gewalt des Rates

---

[106] Ebd., S. 351-352.
[107] Ebd., S. 353-360.
[108] Ebd., S. 361-369; Reimann: Unruhe, S. 102.
[109] Bote: Schichtbuch, S. 370-376.
[110] Ebd., S. 381-382.

und wurde aus der Stadt verbannt. Der Rezess Hollands wurde verbrannt, die alte Rats-verfassung wieder in Kraft gesetzt.[111]

Das vorrangige Ziel der Männer um Ludeke Holland war das der Verschiebung der Macht-verhältnisse zu ihren Gunsten. Ihnen kam dabei gelegen, dass die Bevölkerung der Stadt wegen des Münzediktes überaus unzufrieden mit dem herrschenden Rat und so einfach für Hollands Ideen zu gewinnen war. Aufgrund dieser Übermacht blieb dem Rat zunächst nichts anderes übrig, als deren Forderungen nachzukommen. Die zunehmende Unzufrie-denheit über die neuen Herrscher konnten die Vertreter der alten Ordnung wiederum nutzen, um die Bevölkerung für sich zu gewinnen. Ludeke Holland musste die Stadt ver-lassen und der innere Friede wurde durch die Neubeschwörung der alten Ratstraditionen wieder hergestellt.

## f) Der Aufruhr wegen doppelten Schoßes

Der Aufruhr wegen doppelten Schoßes[112] stellt einen Aufstand einfacher Bürger gegen eine vom Rat beschlossene Verdoppelung des Schoßes dar. Als Antagonisten standen sich die einfache Bevölkerung des Hagens und der Gemeine Rat gegenüber.

Der gewaltsame Konflikt zwischen beiden Gruppen hatte seine Ursache in der Verdoppe-lung des Schoßes, der vor allem die Tagelöhner besonders schwer finanziell belastete. Als der erste Zahltag nahte und die Bürger der Altstadt die Steuer bereits entrichtet hatten, brach unter den *„dacheloner[n], unde vele ungenante[n], de armesten ut velen ghyl-den"*[113] ein Aufstand los. Sie versammelten sich vor dem Rathaus des Hagens und forder-ten dort neben der Abschaffung des Schoßes und der Akzise auch die Amtsenthebung der beiden Zollschreiber.[114]

Obwohl ihren Forderungen seitens des Rats nachgekommen wurde, setzten einige von ihnen den Aufstand weiter fort. Anlässlich des zweiten Schoßtermines wollten diese in den Häusern der wohlhabenden Bürger plündern und morden, doch ihre Verschwörung wurde aufgedeckt. Daraufhin machte der Rat diese öffentlich und brachte die Bevölke-rung dazu, gegen die letzten Aufständischen vorzugehen. Sie wurden schließlich festge-nommen und dem Rat überstellt. Ihre Anführer wurden zum Tode verurteilt und hinge-

---

[111] Ebd., S. 383-386.
[112] Quellen: Bote: Schichtbuch, S. 451-468; Bote: Kapitel, S. 16-43; Blume: Stadtschreiber, S. 54-83; Litera-tur: Moderhack: Abriß, S. 15-16; Blume: Stadtschreiber, S: 84-105.
[113] Blume: Stadtschreiber, S. 58.
[114] Ebd., S. 54-62.

richtet.[115] Die Erhöhung von Schoß und Akzise wurde zurückgenommen. Dadurch war der innerstädtische Friede wieder hergestellt.[116]

In dieser Schicht beschreibt Bote keinen Konflikt zwischen Gilden und Ratsherren, sondern zwischen dem Rat und der gemeinen Stadtbevölkerung. Deren Ziel war nicht eine Veränderung der städtischen Ordnung sondern die Rücknahme eines speziellen Erlasses, nämlich der Steuererhöhungen. Der Rat gab dem gewaltsamen Drängen der Bevölkerung zunächst nach, bevor er sich seinerseits diese zu Nutze machte, um die letzten verbliebenen Aufständischen von ihrem Tun abzuhalten.

### g) Zusammenfassung

Die Betrachtung der fünf Schichten, die Boockmann nicht zur Erstellung seines Schemas herangezogen hat, hat ergeben, dass sich dieses problemlos auf alle Schichten übertragen lässt, die einen Konflikt innerhalb der städtischen Bevölkerung zum Inhalt hat. Lediglich der Konflikt zwischen geistlicher und weltlicher Elite der Stadt – der Pfaffenkrieg – lässt sich nicht in dieses Grundmuster einsortieren, allerdings bezog sich Boockmann in seinen Ausführungen[117] ausdrücklich nur auf Konflikte innerhalb der städtischen Bevölkerung und auf Konflikte um die Verfassung des Rates.

Des Weiteren wurde bei der Betrachtung deutlich, dass die Räte keine Patentrezepte gegen die städtischen Aufstände hatten. Es gab weder ein ausschließlich hartes Vorgehen noch ein ausschließliches Entgegenkommen des Rates um den innerstädtischen Frieden wiederherzustellen. Vielmehr musste der Rat die sich ihm bietenden Gelegenheiten realistisch einschätzen und sein Vorgehen immer wieder den aktuellen Gegebenheiten anpassen. Des Weiteren musste er im Auge behalten, dass er auch in Zukunft auf die Bevölkerung angewiesen war. Ein überzogenes und ausschließlich hartes Vorgehen gegen Aufständische hätte dem städtischen Zusammenleben eher noch mehr geschadet als genutzt.

Deutlich ist bei der Beschäftigung mit den einzelnen Schichten auch die Konzeption des Schichtbuches an sich geworden. Jeder Aufstand lässt sich einer eigenen Kategorie zuweisen: Die Schicht der Gildemeister schildert die Spaltung der Stadt durch zwei zerstrittene Herzöge, die beide einen Anspruch auf die Stadt erhoben. Die Schicht des Rates hingegen

---

[115] Ebd., S. 62-80.
[116] Ebd., S. 82.
[117] Boockmann: Krise, S. 732.

beschreibt wie sich die Gilden gegenüber dem Rat erhoben um mehr Einfluss zu gewinnen. Der Pfaffenkrieg wiederum war ein Konflikt zwischen Rat und Geistlichkeit. Die Schicht der ungehorsamen Bürger befasst sich – ähnlich wie die Schicht des Rates – mit dem Aufstand der Gilden gegen die bestehende Ordnung. In dem Kapitel über die Schicht Ludeke Hollands wird der Machthunger eines einzelnen zur Triebkraft einer städtischen Unruhe während sich die Aufruhr wegen doppelten Schoßes hingegen mit einem Aufstand der einfachen Bevölkerung gegen den Rat. Weitere Aufstandsvarianten, die Hermann Bote nicht beispielhaft aufgeführt hat, lassen sich indes kaum vorstellen.

## III. Ergebnisse

Hermann Bote wollte mit seinem Schichtbuch erreichen, dass zumindest in seiner Heimatstadt Braunschweig weitere städtische Aufstände möglichst verhindert werden, die aus seiner Sicht das städtische Zusammenleben nachhaltig zu stören drohten. Dazu rief er die Stadtoberen im Prolog seines Schichtbuchs auf, vor allem das allgemeine Wohl im Auge zu haben, sich gegenseitig zu respektieren und fair miteinander umzugehen, sonst hätte der Stadt Unheil gedroht – In Form von Unruhen. Gleichzeitig schloss er nicht jeden Aufstand im Vornherein als unzulässig aus. Vor allem bei dem Aufruhr wegen doppelten Schoßes kann man zu Beginn der Schilderung seine Sympathien den unteren Bevölkerungsschichten gegenüber spüren.

Aufgrund der sehr detailreichen Schilderungen Botes vor allem in Hinblick auf die Kausalitäten der Aufstände und die Wechselwirkungen im Handeln der Beteiligten, lässt sich heute gut nachvollziehen, wie diese Unruhen entstehen konnten und wie der Rat gegen sie vorging, um den Frieden innerhalb der Stadt wiederherzustellen. Anhand der Übertragung eines von Hartmut Boockmann entwickelten Modells auf die einzelnen von Bote beschriebenen Schichten konnte die Gültigkeit desselben bestätigt werden. Demzufolge war für den Ausbruch eines Aufstands die Unzufriedenheit einzelner Parteiungen mit dem status quo vonnöten, die sich anhand eines aktuellen Anlasses auf die gesamte Stadtbevölkerung übertragen konnte. Kam es zu einem Aufstand, blieb dem herrschenden Rat nur die Möglichkeit durch geschicktes Taktieren die Unruhe zu beenden und den status quo ante nach Möglichkeit wiederherzustellen.

Krisen städtischer Ordnung entwickeln sich Bote zufolge also fast zwangsläufig, wenn die städtischen Obrigkeiten das allgemeine Wohl aus den Augen verlieren. Der Ausbruch und die Niederschlagung eines Aufstands lassen sich – zumindest für Hermann Botes Schichtbuch – mit einem auf den Forschungen Boockmanns basierenden Schema verdeutlichen.

Die Überprüfung der im Rahmen der Hausarbeit gewonnenen Ergebnisse anhand von Aufständen in anderen Städten und Regionen kann sicherlich interessante Ergebnisse auf die Frage liefern, inwieweit den Aussagen des Schichtbuchs und dem Modell Boockmanns noch eine Allgemeingültigkeit zugestanden werden kann.

# IV. Quellen- und Literaturverzeichnis

## 1. Quellen

Blume, Herbert: Hermann Bote. Braunschweiger Stadtschreiber und Literat. Studien zu seinem Leben und Werk, Bielefeld 2009, S. 53-83.

Bote, Hermann: Das Schichtbuch, in: Hänselmann, Ludwig: Die Chroniken der niedersächsischen Städte. Braunschweig. Zweiter Band, photomechanischer Nachdruck der ersten Auflage, Stuttgart 1962 (Die Chroniken der deutschen Städte vom 14. Bis ins 16. Jahrhundert, Band 16), S. 299-566.

Bote, Hermann: Zwei Kapitel aus dem Schichtbuch. Mittelniederdeutsch mit neuhochdeutscher Übersetzung. Ausgewählt und übersetzt und mit einer Einführung versehen von Herbert Blume, Braunschweig 1985.

## 2. Literatur

Blume, Herbert: Hermann Bote. Braunschweiger Stadtschreiber und Literat. Studien zu seinem Leben und Werk, Bielefeld 2009.

Blume, Herbert: Hermann Bote. Sein Schichtbuch und der „Uployp van twen schoten". Einführung von Herbert Blume, in: Bote, Hermann: Zwei Kapitel aus dem Schichtbuch. Mittelniederdeutsch mit neuhochdeutscher Übersetzung. Ausgewählt und übersetzt und mit einer Einführung versehen von Herbert Blume, Braunschweig 1985, S. 48-69.

Blume, Herbert: Hermann Bote. „tollenschriver" in Braunschweig und „hogrefe" im Papenteich? Beobachtungen zu Botes Leben anhand seines Zollbuchs, in: Schöttker, Detlev & Wunderlich, Werner (Hrsg.): Hermen Bote. Braunschweiger Autor zwischen Mittelalter und Neuzeit, Wiesbaden 1987 (Wolfenbütteler Forschungen, Band 37), S. 159-177.

Blume, Herbert & Rohse, Eberhard (Hrsg.): Hermann Bote. Städtisch-hansischer Autor in Braunschweig. 1488-1988. Beiträge zum Braunschweiger Bote-Kolloquium 1988, Tübingen 1991 (Frühe Neuzeit, Band 4).

Boockmann, Hartmut: Eine Krise im Zusammenleben einer Bürgerschaft und ein „politologisches" Modell aus dem 15. Jahrhundert. Der Braunschweiger Chronist Hermen Bote über den Aufstandsversuch von 1145/1446, in: Geschichte in Wissenschaft und Unterricht 40 (1989) 12, S. 732-749.

Cordes, Gerhard: Überlegungen zur Edition von Hermann Botes Werken, in: Blume, Herbert & Wunderlich, Werner (Hrsg.): Hermen Bote. Bilanz und Perspektiven der Forschung. Beiträge zum Hermen-Bote-Kolloquium vom 3. Oktober 1981 in Braunschweig. Mit einer Bibliographie, Göppingen 1982 (Göppinger Arbeiten zur Germanistik, Nr. 357), S. 43-48.

Cordes, Gerhard: Bote, Hermann, in: Neue Deutsche Biographie, Band 2, Berlin 1955, S. 487.

Ehlers, Joachim: Hermen Bote und die städtische Verfassungskrise seiner Zeit, in: Schöttker, Detlev & Wunderlich, Werner (Hrsg.): Hermen Bote. Braunschweiger Autor zwischen Mittelalter und Neuzeit, Wiesbaden 1987 (Wolfenbütteler Forschungen, Band 37), S. 119-131.

Hänselmann, Ludwig: Einleitung, in: Hänselmann, Ludwig: Die Chroniken der niedersächsischen Städte. Braunschweig. Zweiter Band, photomechanischer Nachdruck der ersten Auflage, Stuttgart 1962 (Die Chroniken der deutschen Städte vom 14. Bis ins 16. Jahrhundert, Band 16), S. 271-298.

Hayden-Roy, Priscilla: The Masquerade of History. Hermann Bote's Schichtboik, in : Daphnis. Zeitschrift für mittlere deutsch Literatur und Kultur der frühen Neuzeit 22 (1993) 4, S. 561-580.

Kirschner, Carola: Hermen Bote. Städtische Literatur um 1500 zwischen Tradition und Innovation, Essen 1996 (Item Mediävistische Studien/Item Medieval Studies, Band 4).

Kitzinger, Martin: Hermann Bote als Braunschweiger Stadtschreiber. Amt und Funktion des Zollschreibers im 15. und frühen 16. Jahrhundert, in: Blume, Herbert & Rohse, Eberhard (Hrsg.): Hermann Bote. Städtisch-hansischer Autor in Braunschweig. 1488-1988. Beiträge zum Braunschweiger Bote-Kolloquium 1988, Tübingen 1991 (Frühe Neuzeit, Band 4), S. 3-23.

Lindow, Wolfgang: Hermann Bote – Leben und Werk. Eine Einführung, in: Blume, Herbert & Wunderlich, Werner (Hrsg.): Hermen Bote. Bilanz und Perspektiven der Forschung. Beiträge zum Hermen-Bote-Kolloquium vom 3. Oktober 1981 in Braunschweig. Mit einer Bibliographie, Göppingen 1982 (Göppinger Arbeiten zur Germanistik, Nr. 357), S. 3-11.

Moderhack, Richard: Abriß der Braunschweiger Stadtgeschichte, in: Spies, Gerd (Hrsg.): Brunswiek 1031 – Braunschweig 1981. Die Stadt Heinrichs des Löwen von den Anfängen bis zur Gegenwart, Braunschweig 1981, S. 1-57.

Reimann, Hans Leo: Unruhe und Aufruhr im mittelalterlichen Braunschweig, Braunschweig 1962 (Braunschweiger Werkstücke, Band 28).

Schöttker, Detlev & Wunderlich, Werner: Bote-Forschung seit 1981, in: Schöttker, Detlev & Wunderlich, Werner (Hrsg.): Hermen Bote. Braunschweiger Autor zwischen Mittelalter und Neuzeit, Wiesbaden 1987 (Wolfenbütteler Forschungen, Band 37), S. 9-30.